中国地质大学(武汉)研究生精品教材建设项目(编号:YJC202310)

羽毛球基础与提高：全面技术教程

BADMINTON FUNDAMENTALS AND ADVANCED TECHNIQUES

主编 邹师思 樊 荣 董良山

图书在版编目(CIP)数据

羽毛球基础与提高:全面技术教程/邹师思,樊荣,董良山主编.—武汉:中国地质大学出版社,2024.7.(2025.3重印)—ISBN 978-7-5625-5922-1

Ⅰ.G847

中国国家版本馆 CIP 数据核字第 20245BV622 号

羽毛球基础与提高:全面技术教程	邹师思　樊　荣　董良山　主编
责任编辑:李焕杰　　　　选题策划:李焕杰	责任校对:徐蕾蕾

出版发行:中国地质大学出版社(武汉市洪山区鲁磨路388号)　　邮编:430074
电　　话:(027)67883511　　传　　真:(027)67883580　　E-mail:cbb@cug.edu.cn
经　　销:全国新华书店　　　　　　　　　　　　　　　http://cugp.cug.edu.cn

开本:787毫米×960毫米　1/16　　　　　字数:119千字　　印张:6.75
版次:2024年7月第1版　　　　　　　　　印次:2025年3月第2次印刷
印刷:湖北睿智印务有限公司

ISBN 978-7-5625-5922-1　　　　　　　　　　　　　　　　　　定价:23.00元

如有印装质量问题请与印刷厂联系调换

《羽毛球基础与提高：全面技术教程》编委会

主　　编：邹师思　　樊　荣　　董良山
副主编：褚鹏飞　　庞　岚　　姬　庆　　游茂林
　　　　　梁凤波　　樊林华　　李茵晖　　文　凯
　　　　　欧高志　　张　辉
编　　委：牛　众　　张雨纯　　芦丽娜　　李　丹
　　　　　李　雯　　盛紫莹　　王振兴　　司徒瑾
　　　　　黄　静　　姜　睿　　汪俊杰　　周　云
　　　　　陈睿智　　邱玉华　　李春卉　　黄冠杰
　　　　　罗传俊　　郭莉智　　汤佳鹏　　宋政彤
　　　　　张梓煜　　胡彩虹

前言 |PREFACE|

羽毛球，作为一项集竞技性、娱乐性及健身性于一体的体育运动，在全球范围内享有极高的声誉和影响力。在中国，羽毛球运动更是因其独特的魅力和深厚的群众基础，成为全民健身和学校体育教育不可或缺的一部分。

我曾有幸身披国家队战袍，在国际赛场上挥洒汗水，为祖国争光。那段宝贵的经历不仅让我积累了丰富的实战经验，更让我对羽毛球运动有了深刻而全面的理解。退役后，我带着这份热情与经验，投身于大学体育教学与科研工作之中，立志将科学的训练方法和先进的教学理念传递给年轻一代。我深知，一套科学严谨、系统全面的教材在提升运动员技能、培养高素质体育人才方面至关重要。

基于这样的初衷和使命感，我与团队精心编写了《羽毛球基础与提高：全面技术教程》。本书紧密结合了最新的羽毛球理论研究成果和我多年的教学实践经验，内容丰富，结构清晰，图文并茂，系统而全面地介绍了羽毛球运动的各个方面。

本书详细介绍了羽毛球运动的起源与发展、器材与场地、基本规则等内容，可为读者奠定坚实的理论基础；通过对握拍、挥拍、发球、接发球等基本技术的详细解析，以及高远球、吊球、杀球等实战技术的深入讲解，可帮助读者全面掌握羽毛球的各项核心技能。同时，本书还涵盖了网前技术、战术应用、专项身体练习等内容，旨在提升读者的综合能力，为实际比赛和训练提供有力支持。

本书不仅可作为大学生和研究生羽毛球专业教学的教材，也可作为羽毛球教练员、运动员及羽毛球爱好者的参考资料。希望本书的出版能够为羽毛球运动的推广与普及，为高水平羽毛球运动人才的培养贡献绵薄之力。

在本书编写过程中，我们得到了众多同行专家和学者的鼎力支持与指导，对此表示诚挚的感谢。同时，感谢各位学生在教学与训练中的积极参与和反馈，是他们的热情和努力为本书的完善提供了宝贵的参考。

我们坚信,通过本书的学习与实践,每一位读者都能够在羽毛球运动的道路上不断进步、超越自我,享受运动带来的无尽乐趣,并全面提升个人身体素质。我们清醒地认识到,任何一本书都不可能完美无缺,本书也肯定存在诸多不足之处。因此,热切欢迎读者的反馈和建议,我们将以开放的心态不断改进和完善本书的内容与形式,使之更加符合教学和训练的实际需求。

最后,我们满怀期待地展望本书在羽毛球教育和训练领域的广阔前景。我们深信,在广大羽毛球爱好者、教育工作者和运动员的共同努力下,羽毛球运动必将迎来更加美好的明天,为人类的健康和文明事业作出更大的贡献。

邹师思

2024 年 7 月

目 录 |CONTENTS|

第一章 羽毛球运动概述 ……………………………………………… (1)
    第一节 羽毛球运动的起源与发展 ………………………… (1)
    第二节 羽毛球运动的器材与场地 ………………………… (6)
    第三节 羽毛球赛事 …………………………………………… (9)

第二章 羽毛球基本规则 ……………………………………………… (12)

第三章 羽毛球握拍、架拍、挥拍技术 ……………………………… (24)
    第一节 握拍技术 ……………………………………………… (24)
    第二节 架拍技术 ……………………………………………… (25)
    第三节 挥拍技术 ……………………………………………… (26)

第四章 羽毛球后场高远球技术 ……………………………………… (28)

第五章 羽毛球发球技术 ……………………………………………… (32)

第六章 羽毛球前场挑球技术 ………………………………………… (36)

第七章 羽毛球网前搓球、放网技术 ………………………………… (40)
    第一节 网前搓球 ……………………………………………… (40)
    第二节 网前放网 ……………………………………………… (43)

第八章 羽毛球后场吊球技术 ………………………………………… (47)

第九章 羽毛球后场杀球技术 ………………………………………… (60)

第十章 羽毛球后场平高球技术 ……………………………………… (65)

第十一章 羽毛球点杀、突击杀球技术 ……………………………… (70)
    第一节 点杀 …………………………………………………… (70)
    第二节 突击杀球 ……………………………………………… (70)

第十二章 羽毛球网前推球、扑球、勾球技术 ……………………… (74)

Ⅲ

  第一节　网前推球 …………………………………………（74）

  第二节　网前扑球 …………………………………………（77）

  第三节　网前勾球 …………………………………………（79）

第十三章　羽毛球接杀挡网技术 ………………………………（83）

第十四章　羽毛球接发球技术与步法 …………………………（86）

  第一节　接发球技术 ………………………………………（86）

  第二节　接发球步法 ………………………………………（94）

第十五章　羽毛球投掷动作 ……………………………………（96）

第十六章　羽毛球专项身体练习 ………………………………（97）

第一章 羽毛球运动概述

第一节 羽毛球运动的起源与发展

一、羽毛球运动起源

羽毛球运动的起源众说纷纭。据传14—15世纪时,在日本出现了用木制的球拍对在樱桃核上插羽毛制成的球来回对打的运动,这便是当今羽毛球运动的雏形。但由于这种球不够坚固耐用,飞行速度又太快,故风行一时后又逐渐消失了。

大约在18世纪,印度的浦那出现了一种与早年日本的羽毛球运动极为相似的游戏。当时的球是用直径约6cm的圆形硬纸板,中间挖个孔插上羽毛做成的,与我国的毽子类似。当时,印度称此项游戏为"浦那"。

现代羽毛球运动出现于19世纪。大约1870年,在英国出现了用羽毛、软木做的球和穿弦的球拍。1873年,英国公爵鲍弗特在格拉斯哥郡伯明顿镇的庄园里进行了一次羽毛球游戏,当时的场地呈葫芦形,中间狭窄处挂网。从此,羽毛球运动便逐渐开展起来。"伯明顿"即成了羽毛球的名字,英文的写法是"badminton"。直至1901年,羽毛球场地才改为长方形的场地。

1875年,世界上第一部羽毛球运动规则拟于印度浦那。3年后英国又制定了更为完善和统一的规则,当时规则的不少内容至今仍无太大改变。

1893年,英国的14家羽毛球俱乐部倡议组成了世界上第一个正规的羽毛球协会,进一步修订了规则,重新规定了统一的场地标准。1899年,该协会举办了首届全英羽毛球锦标赛。

1934年,由加拿大、丹麦、英格兰、法国、爱尔兰、荷兰、新西兰、苏格兰和威尔士发起成立了国际羽毛球联合会(简称国际羽联),总部设在伦敦。从此,羽毛球真正成为一项世界性的体育运动。此后13年,丹麦、美国、英国、加拿大等欧美选手称雄于国际羽坛。

二、世界羽毛球运动发展简况

1948—1949年,国际羽联在英格兰普雷斯顿举办了首届汤姆斯杯世界男子羽毛球团体锦标赛(简称汤姆斯杯)。在首届比赛中,马来亚(后改名为马来西亚)队荣获了团体冠军,开创了亚洲人称雄国际羽坛的新时代。在1948—1979年的11届汤姆斯杯中,印度尼西亚队获得了7次冠军,马来西亚队获得了4次冠军。

20世纪60年代初期,中国队开始崛起。1963—1964年,中国队两次战胜来访的世界冠军——印度尼西亚队;1965年征战欧洲,以34:0的绝对优势战胜丹麦、瑞典。当时,汤仙虎在与当年获得全英羽毛球锦标赛男单冠军的柯普斯(已蝉联7次全英冠军)比赛时,以15:5和15:0的比分大获全胜,威震国际羽坛。由于当时的政治原因,中国未能加入国际羽联,也未能正式参加世界性的锦标赛,故中国羽毛球队被誉为"无冕之王"。

1956年,首届尤伯杯世界女子羽毛球团体锦标赛(简称尤伯杯)在英国举行。前3届冠军均被美国队获得。20世纪60年代中后期,日本女队首先崛起,击败美国队荣登冠军宝座。从此,女子羽毛球运动的优势开始向亚洲转移。

20世纪70年代以后,印度尼西亚队和中国队在男子羽毛球技术方面处于世界领先地位。1982年中国男队首次参加汤姆斯杯就荣获冠军。日本、韩国、巴基斯坦、印度、泰国、马来西亚等队的运动技术水平也有长足的进步,在国际性比赛中都取得了较好的成绩。同时,欧洲的丹麦队、英国队和瑞典队在发挥自身原有特点的基础上,广泛吸收亚洲人的快速步法等技术和经验,水平稳步上升,仍为羽坛劲旅。女子羽毛球方面,亚洲的中国队、印度尼西亚队、日本队处于三强鼎足之势,欧洲的丹麦队、瑞典队、英国队不甘落后紧随于后,而美国队则每况愈下。

1978年2月,世界羽毛球联合会于中国香港成立,当年在泰国举办首届世界羽毛球锦标赛,并于第二年在中国杭州举办了世界羽毛球联合会第一届世界杯赛和第二届世界羽毛球锦标赛。

1981年5月25日,在各方共同努力下,国际羽毛球联合会和世界羽毛球联合会正式合并,结束了世界羽毛球界的分裂局面,促进了世界羽毛球运动的发展。

1982年,中国队首次参加第十二届汤姆斯杯,并以5:4战胜了"羽毛球王国"——印度尼西亚的队伍,获得冠军。中国女队首次参加全英锦标赛就获得女单冠军和亚军、女双冠军。1984年第一次参加尤伯杯的中国女队力挫群雄,勇夺桂冠。直至2008年,汤姆斯杯共举办了25届,印度尼西亚队共获得了13次冠军,中国队获得了7次冠军,马来西亚队获得了5次冠军。汤姆斯杯冠军被3个亚洲国家包揽。尤伯杯直至2008年共举办了22届,中国队共获得11次冠军,日本队获得5次冠军,印度尼西亚队和美国队各获得3次冠军。中国队在1998年、2000年、2002年、2004年、2006年和2008年这6年里,创造了六连冠的纪录。

目前,国际羽联管辖下的世界性羽毛球大赛有:汤姆斯杯,1948—1982年每3年举办一届,从1982年后改为每2年一届,现已举办过33届;尤伯杯,1956—1984年每3年举办一届,从1984年后改为每2年一届,现已举办过30届;世界羽毛球锦标赛(即5个单项比赛),1977—1983年每3年举办一届,1983年后改为每2年一届,现已举办过28届;世界杯羽毛球赛(即5个单项比赛),1981年开始,每年举办一届,现已举办了19届(1997年之后停办,2005年、2006年举办,随后再未举办);苏迪曼杯世界羽毛球混合团体锦标赛(简称苏迪曼杯),1989年开始,每2年举办一届,现已举办了18届。

三、中国羽毛球运动发展简况

20世纪20年代末至30年代中期,羽毛球运动传入中国,但在中华人民共和国成立前,从未举办过全国性的羽毛球比赛,仅上海、天津、北平和广州开展这项运动。中华人民共和国成立后,羽毛球项目很快成为我国体育运动的重点项目之一。

1953年,在天津举办了第一次全国羽毛球赛。1954年,印度尼西亚侨生王文教、陈福寿等具有较高羽毛球技术水平又有爱国热情的赤子回到祖国,对我国羽毛球运动的发展起到了很大的推动作用。在1959年第一届全国运动会上,福建队以绝对优势取得了男单、男双、女单和女双的冠军,并取得团体总分第一名。从此,福建便成为我国羽毛球运动开展的重要基地。

1960年,印度尼西亚青年羽毛球名将汤仙虎、侯加昌、方凯祥、陈玉娘相继回国,带回了国外先进技术和打法。这个时期,福建队和广东队成为我国羽坛的两大主力:福建队以手法细致、突击动作小、出手快、爆发力强而著称;而广东队则以采用垫步加蹬跨步快速上网,蹬跳步快速后退,加快整个场上步伐速度而闻名。福建队、广东队互相学习互相促进,对推进全国羽毛球运动起了带头作用。我国羽毛球技术水平出现了一个划时代的飞跃。

1963年7月11日—8月12日,世界一流水平的印度尼西亚羽毛球队访问我国。他们阵容整齐,实力雄厚,曾于1958年和1961年连续2届汤姆斯杯夺冠。而访问期间,中国国家队、中国青年队、广东队、福建队、湖北队与之比赛均获得胜利,此结果震惊了世界羽坛。同年11月,我国羽毛球队参加了在印度尼西亚首都雅加达举行的第一届新兴力量运动会,由汤仙虎、侯加昌、林建成、吴俊盛、张铸成、梁小牧、陈玉娘、陈家琰、陈丽娟、林小玉组成的中国羽毛球队获得女团、男单2项冠军,并获得男单第二名,女单第二名、第三名和男女双打第二名、第三名的好成绩。

1964年，印度尼西亚羽毛球队在蝉联了3届男子世界冠军之后再次到我国访问。来访的队员绝大部分是参加汤姆斯杯的主力队员，包括男单世界冠军陈有福。比赛结果还是我国羽毛球队获得胜利。这说明，当时中国羽毛球运动水平已赶上了世界强队的水平。

1965年10月，中国羽毛球队应邀访问了丹麦和瑞典，以34∶0的绝对优势获得全胜。世界羽坛为之震惊，国外媒体称誉我国羽毛球为"冠军之冠军"和"无冕之王"。

改革开放以后，我国大力恢复发展羽毛球事业。20世纪70年代末至80年代初，我国羽坛大批后起之秀脱颖而出，他们在各种类型的国际比赛中取得了好成绩。1981年，在美国举办的第一届世界运动会（非奥运会项目）上，我国获得羽毛球男、女单打与男、女双打冠军。

1981年5月，国际羽毛球联合会和世界羽毛球联合会正式合并（今羽毛球世界联合会，Badminton World Federation，BWF），中国羽坛健儿正式步入了世界比赛的最高舞台。1982年3月和5月，我国羽毛球健儿又在全英锦标赛和汤姆斯杯中创造辉煌，勇夺冠军。1986年、1988年我国连续2次获得汤姆斯杯和尤伯杯的双冠军。1987年的世界羽毛球锦标赛和1988年的世界杯羽毛球赛的5项冠军都被我国健儿囊括，创造了一个国家选手连续囊括世界级比赛5个单项冠军的最高纪录。

1988年汉城奥运会，羽毛球被列为奥运表演项目。4年后，1992年巴塞罗那奥运会上羽毛球被列为正式比赛项目。当时，我国男女队处于新老队员交替的阶段，在此届赛会上仅夺得女双亚军。

1993年，中国国家羽毛球队教练员班子大换班，总教练王文教和副总教练陈福寿、侯加昌均退役，由李永波副总教练（后转为总教练）、李玲蔚、李矛、田秉毅出任教练组负责人，担起对新一代运动员的培养任务。

1994年广岛亚运会，中国羽毛球队虽未获得金牌，但已培养出一批年轻新手，于1995年开始走出低谷，首次夺得苏迪曼杯冠军。

1995年在世界羽毛球锦标赛上叶钊颖夺得女单冠军。

1996年亚特兰大奥运会上，葛菲/顾俊夺得女双冠军，实现了我国羽毛球项目在奥运会上金牌"零"的突破。

1997年我国运动员再次夺得苏迪曼杯冠军，同时，在世界羽毛球锦标赛上获得女单、女双和混双3枚金牌，我国羽毛球开始步入了再铸辉煌的历程。

第一章　羽毛球运动概述

2000年悉尼奥运会上我国羽毛球运动员吉新鹏夺得男单冠军,龚智超夺得女单冠军,葛菲/顾俊夺得女双冠军,张军/高崚夺得混双冠军。

2001年我国运动员夺得苏迪曼杯冠军;在世界羽毛球锦标赛上龚睿那夺得女单冠军,高崚/黄穗夺得女双冠军,高崚/张军夺得混双冠军。

2003年在世界羽毛球锦标赛上夏煊泽夺得男单冠军,张宁夺得女单冠军,高崚/黄穗夺得女双冠军。

2004年中国羽毛球队夺得汤姆斯杯、尤伯杯双冠军;在第28届夏季奥林匹克运动会上张宁夺得女单冠军,张军/高崚夺得混双冠军,杨维/张洁雯夺得女双冠军。

2005年中国羽毛球队夺得苏迪曼杯冠军;在世界羽毛球锦标赛上谢杏芳夺得女单冠军,杨维/张洁雯夺得女双冠军;在世界杯羽毛球赛上林丹夺得男单冠军,蔡赟/傅海峰夺得男双冠军,谢杏芳夺得女单冠军,杨维/张洁雯夺得女双冠军,谢中博/张亚雯夺得混双冠军。

2006年中国羽毛球队在日本东京夺得汤姆斯杯、尤伯杯双冠军;在世界羽毛球锦标赛上谢杏芳夺得女单冠军,林丹夺得男单冠军,蔡赟/傅海峰夺得男双冠军,高崚/黄穗夺得女双冠军;在世界杯羽毛球赛上林丹夺得男单冠军,高崚/黄穗夺得女双冠军,王仪涵夺得女单冠军。

2007年中国羽毛球队夺得苏迪曼杯冠军;在世界羽毛球锦标赛上朱琳夺得女单冠军,林丹夺得男单冠军,杨维/张洁雯夺得女双冠军。

2008年中国羽毛球队在印尼雅加达夺得汤姆斯杯、尤伯杯双冠军;在第29届奥林匹克运动会上林丹夺得男单冠军,张宁夺得女单冠军,于洋/杜婧夺得女双冠军。

2009年中国羽毛球队在广东广州夺得苏迪曼杯冠军。

2010年中国羽毛球队在世界羽毛球锦标赛中包揽5枚金牌,王琳夺得女单冠军,陈金夺得男单冠军,蔡赟/傅海峰夺得男双冠军,杜婧/于洋夺得女双冠军,郑波/马晋夺得混双冠军。

2011年中国羽毛球队在世界羽毛球锦标赛中再次包揽全部金牌,林丹夺得男单冠军,蔡赟/傅海峰夺得男双冠军,王仪涵夺得女单冠军,王晓理/于洋夺得女双冠军,张楠/赵芸蕾夺得混双冠军。

2012年中国羽毛球队在亚洲羽毛球锦标赛中,陈金夺得男单冠军,李雪芮夺得女单冠军,田卿/赵芸蕾夺得女双冠军,张楠/赵芸蕾夺得混双冠军。

2013年中国羽毛球队在全英羽毛球公开赛中获得3项冠军,于洋/王晓理夺

5

得女双冠军,邱子瀚/刘小龙夺得男双冠军,谌龙获得男单冠军。

2014年中国羽毛球队在世界羽毛球锦标赛中获得3项冠军,谌龙夺得男单冠军,田卿/赵芸蕾夺得女双冠军,张楠/赵芸蕾夺得混双冠军。

2015年中国羽毛球队夺得苏迪曼杯冠军。

2016年中国羽毛球队在第31届夏季奥林匹克运动会中,谌龙夺得男单冠军,张楠/傅海峰夺得男双冠军。

2018年中国队夺得汤姆斯杯冠军。

2019年中国队夺得苏迪曼杯冠军。

2021年中国队在第32届夏季奥林匹克运动会中,陈雨菲夺得女单冠军,王懿律/黄东萍夺得混双冠军;在世界羽毛球锦标赛上陈清晨/贾一凡夺得女双冠军。

2022年在世界羽毛球锦标赛上陈清晨/贾一凡夺得女双冠军,郑思维/黄雅琼夺得混双冠军。

2023年中国羽毛球队在江苏苏州夺得苏迪曼杯冠军;在世界羽毛球锦标赛上陈清晨/贾一凡夺得女双冠军。

中国羽毛球队从初创时期到现在,经历了多个发展阶段,如今在世界羽坛占据着举足轻重的地位。无论是在汤姆斯杯、尤伯杯、苏迪曼杯,还是在奥林匹克运动会和世界羽毛球锦标赛等比赛中,中国羽毛球队都取得了卓越的成绩,培养了许多世界顶尖选手,展示了中国羽毛球的强大实力和深厚底蕴。这些辉煌战绩是中国体育史上的宝贵财富,未来中国羽毛球队必将继续再创辉煌。

第二节 羽毛球运动的器材与场地

一、器材

（一）羽毛球

羽毛球可采用天然材料或人造材料,或两者混合制成。

1. 样式规格

羽毛球应用16根羽毛插在半球形的软木球托上。软木球托直径为25～28mm,托底为圆形,包有一层白色薄皮革或类似材料制成的皮。羽毛从托面至羽毛尖长62～70mm。羽毛上端围成圆形,直径为58～68mm。在球托上1.25cm和2.5cm处,用线或其他材料将羽毛扎牢。一般比赛也可用泡沫头制成的球或尼龙球。

2. 质量

羽毛球的质量应为 4.74～5.50g。

3. 球速

当运动员从端线用低手充分向前上方击球与边线平行,球能落到另一端线外沿 530～990mm 之间的区域内(参见第二章规则 3.2),则应认为此球的飞行速度正常。

在一般业余比赛或非正式比赛中,当球过轻或过重、球速过慢或过快时,经过主办单位同意,可采用如下措施,使球的飞行速度变为正常:当球过轻、球速过慢时,可在球托内中间位置加 1～2 颗小钉子,以增加球托质量,使球速变快;也可向内翻折羽毛,缩小羽毛的口径,以增快球速。当球过重、球速过快时,可在球托中间挖去一部分软木,以减轻球托质量,使球速减慢;也可向外翻折羽毛,增大羽毛的口径,以减慢球速。羽毛球有比赛用球和训练用球之分,它们都是室内用球。比赛用的高级羽毛球大部分是用鹅毛制成的,训练用的中、低级羽毛球大部分是用鸭毛制成的。室外训练有时也用室内用球,但用泡沫头球及尼龙球较合适。

我国是羽毛球生产大国,品牌甚多,有些是属于全国比赛用球,质量均属上等,可根据经济条件和训练环境加以选择。

(二)球拍

球拍总长度不超过 68cm,宽不超过 23cm,球拍框为椭圆形,拍线长不超过 28cm,宽不超过 22cm。球拍不允许有附加物和突出部。不允许改变球拍的规定式样。球拍的质量在 78～120g 之间(不包括弦的质量)。拍框当中用羊肠线或化纤尼龙线穿织。球拍的一端有握把,把长 39.5～40cm,直径不得超过 2.8cm。

从事羽毛球运动,要有一支称心、适用、弹性好、轻重适宜的好球拍。目前市场上能购得的上弦的球拍,一般都是中低档的,上弦不紧、拍弦弹性质量差,致使球拍的弹性也较差,影响球的飞行速度和远度。因此,要学会选拍、上拍弦,以及修补球拍的断弦,不仅省时省钱,而且更为称心适用。

二、场地

(一)场地尺寸

羽毛球场地长为 1340cm,双打场地宽为 610cm,单打场地宽为 518cm,如图 1-1 所示。

场地边界一般用白色或黄色画线,中线宽 4cm,平均画在左、右发球区;前后发球线宽 4cm,画在发球区长度 396cm 以内;所有其他边线的宽度为 4cm,一律画在规定的场地面积以内。测试正常球速区域的 4 个 4cm×4cm 的标记应画在双方单打右发球区边线内沿,距离端线外沿 53cm、57cm,以及 95cm。按国际比

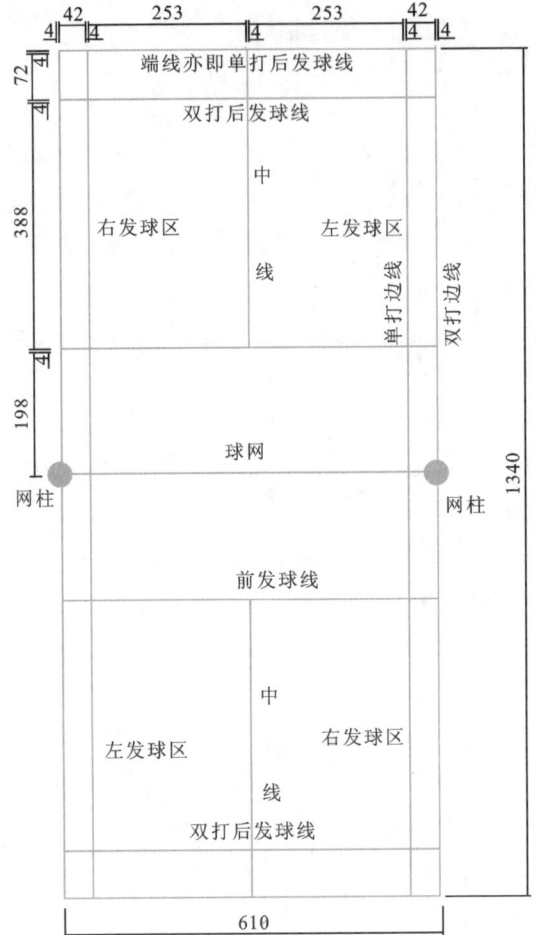

图 1-1 羽毛球场地示意图

注：图中数据单位均为 cm。

赛（羽毛球世界联合会）规定，整个球场上空高度不低于 9m，在此高度之内不得有任何横梁或其他障碍物，球场四周 2m 以内不得有任何障碍物。任何并列的两个球场之间，最少应有 2m 的距离。球场四周的墙壁最好为深色，不能有风。国际重大比赛必须严格按上述规定执行。一般比赛，如场地条件不完全符合标准时，经有关部门批准后可以改变场地。

（二）球网

羽毛球网长 610cm、宽 76cm，用优质深色的天然或人造纤维制成。网孔大小在 15～20mm 之间。网的上沿应缝有一道宽 75mm 的对折白布边，用绳索或钢丝绳穿起来，适当拉紧，使之和网柱顶端齐平。

第一章　羽毛球运动概述

(三)网柱及网高

从球场地面算起,网柱高 1.55m,即网高 1.55m。网柱应放置在双打球场的边线上,球网中部上沿离地面高度 1.524m。如不能设置网柱,则必须采用其他办法标识出边线通过网下位置。

第三节　羽毛球赛事

一、国际主要的羽毛球比赛

国际主要的羽毛球比赛及其举办时频见表 1-1。

表 1-1　国际主要的羽毛球比赛及其举办时频

国际主要的羽毛球比赛	举办时频
奥林匹克运动会羽毛球比赛	每 4 年举行一届,是羽毛球规格最高、最重要的赛事
汤姆斯杯世界男子羽毛球团体锦标赛 (Thomas Cup Badminton)	每逢双数年举行一届
尤伯杯世界女子羽毛球团体锦标赛 (Uber Cup Badminton)	每逢双数年举行一届
苏迪曼杯世界羽毛球混合团体锦标赛 (Sudirman Cup Badminton)	每逢单数年举行一届
世界羽毛球锦标赛 (World Badminton Championships)	每年举行一届
世界杯羽毛球赛(Badminton World Cup)	每年举行一届,目前已停办
BWF 世界巡回赛总决赛(BWF World Tour Finals,原世界羽毛球超级系列赛总决赛)	每年末或下一年初举行一届
世界青年羽毛球锦标赛 (BWF World Junior Championships)	每年举行一届
世界青年羽毛球混合团体锦标赛 (BWF World Junior Team Championships)	与世界青年羽毛球锦标赛同时、同地举行
世界老年羽毛球锦标赛 (BWF World Senior Championships)	每年举行一届

二、国内主要的羽毛球比赛

目前,国内主要的羽毛球比赛及其举办时频见表 1-2。

表 1-2　国内主要的羽毛球比赛及其举办时频

国内主要的羽毛球比赛	举办时频
全国运动会羽毛球比赛	每 4 年举行一届
全国羽毛球锦标赛	每年举行一次
全国羽毛球团体冠军赛	每年举行一次
全国青年羽毛球锦标赛	每年举行一次
全国 U 系列羽毛球比赛	每年举行一次
中国羽毛球俱乐部超级联赛	每年举行一次

三、羽毛球竞赛项目

羽毛球竞赛项目可分为单项赛和团体赛两种。

(一)羽毛球单项赛项目

羽毛球单项赛项目包括男子单打、女子单打、男子双打、女子双打和男女混合双打 5 项。

(二)羽毛球团体赛项目

羽毛球团体赛项目主要有男子团体赛、女子团体赛和男女混合团体赛 3 项。常用赛制有三场制、五场制和多场制等。

三场制:每场团体赛由 2 场单打和 1 场双打组成,比赛顺序为单—单—双或单—双—单,也可以 3 场都是单打。每队一般要限定报名人数,每名运动员只能打一个单打,双打可以由单打运动员兼项,也可以规定单双打不能互兼。这是基层比赛中常用的赛制。

五场制:羽毛球团体赛最常用的赛制就是五场制。每场团体赛一般由 3 场单打和 2 场双打组成,每队限定报名人数。比赛顺序多种多样,常用的有:单—单—单—双—双、单—双—单—双—单、双—单—双—单—单、单—单—双—双—单等。比赛顺序也可以根据运动员兼项情况,进行调整。男女混合团体赛则采用 2 场单打和 3 场双打的打法,即男、女单打各 1 场,男、女双打各 1 场,混合双打1场,出场顺序由裁判长根据运动员兼项决定。

多场制:团体赛由超过5个单项赛组成,称多场制。多场制多在对抗赛或双边比赛中采用。场数、参加人数和比赛项目,可由参加者共同约定。

团体赛出场名单确认方法:羽毛球团体赛通常不是按照队员的个人积分排定出场名单的。出场名单通常是由队伍的教练根据队员的实际表现、技术水平、专长、状态以及对手的实力进行综合考量而确定的。教练会根据队员们的整体配合和团队战术来安排出场顺序。但在一些特殊赛事(如汤姆斯杯、尤伯杯)中会有一定的积分或排名规则用于决定出场名单。这可能是根据队员的个人积分或团队在积分榜上的排名来决定出场顺序。这样的规定并不常见,且不是固定的。

第二章 羽毛球基本规则

羽毛球比赛的相关定义如下。

运动员:参加羽毛球比赛的人。

一场比赛:由双方各 1 名或 2 名运动员进行的比赛,是羽毛球比赛胜负的基本单位。

单打:双方各 1 名运动员进行的比赛。

双打:双方各 2 名运动员进行的比赛。

发球方:有发球权的一方。

接发球方:发球方的对方。

回合:自开始发球至死球前的一次或多次连续对击。

一击:运动员试图击球的一次挥拍动作。

注:正文中斜体字条款适用于残疾人羽毛球比赛。

羽毛球比赛详细规则*如下。

1. 场地和场地设备

1.1　场地应是一个长方形,用宽 4cm 的线画出(参见图 1-1)。

1.1.1　轮椅式羽毛球比赛场地分别如图 2-1 和图 2-2 所示。

1.1.2　站立式半场级羽毛球单打比赛场地如图 2-3 所示。

1.2　线的颜色应是白色、黄色或其他容易辨别的颜色。

1.3　所有的线都是它所界定区域的组成部分。

1.4　从场地地面起,网柱高 1.55m。当球网被拉紧时(规则 1.10),网柱应与地面保持垂直。

1.5　不论是单打还是双打比赛,网柱都应放置在双打边线上(参见图 1-1)。网柱及其支撑物不得延伸进入除边线外的场地内。

1.6　球网应由深色优质的细绳编织成。网孔为均匀分布的方形,边长 15~20mm。

---

* 中国羽毛球协会,2023.羽毛球竞赛规则(2023)[M].北京:人民体育出版社.

第二章　羽毛球基本规则

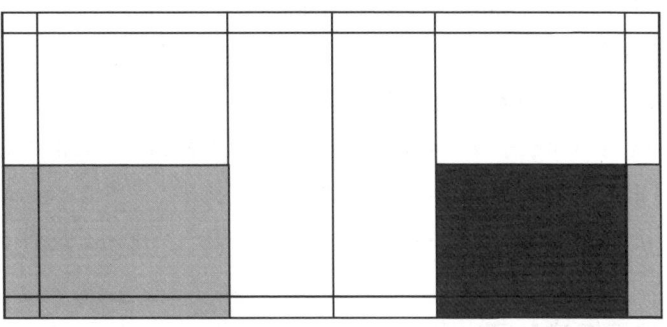

　　　　　　　　　　　　　　　　　前发球线　　　后发球线

　　图 2-1　残疾人羽毛球轮椅式比赛单打比赛场区和发球区

　　　　　注：图中 ▨ 为比赛场区；■ 为发球区。

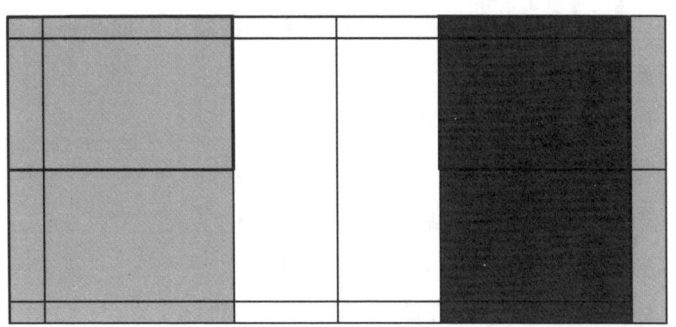

　　　　　　　　　　　　　　　　　前发球线　　　后发球线

　　图 2-2　残疾人羽毛球轮椅式比赛双打比赛场区和发球区

　　　　　注：图中 ▨ 为比赛场区；■ 为发球区。

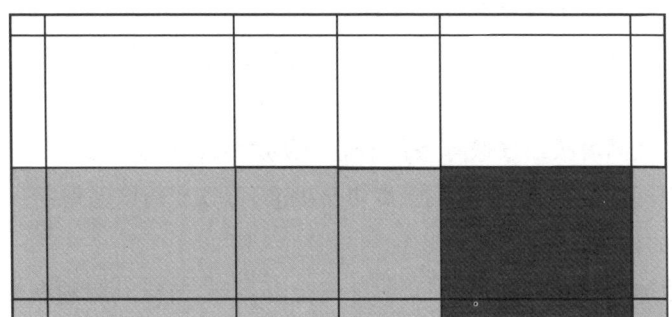

　　　　　　　　　　　　　　　　　前发球线　　　后发球线

　　图 2-3　残疾人羽毛球站立式半场级单打比赛场区和发球区

　　　　　注：图中 ▨ 为比赛场区；■ 为发球区。

13

1.7 球网上下宽76cm,全长至少610cm。

1.8 球网的上沿是用宽75mm的白布边对折成的夹层,用绳索或钢丝从中穿过。夹层的上沿,必须紧贴绳索或钢丝。

注:双打场地对角线长为14.723m,单打场地对角线为14.366m。

1.9 绳索或钢丝应牢固地拉紧,并与网柱顶持平。

1.10 从场地地面起至球网中央顶部应高1.524m,双打边线处网高1.55m。

1.11 球网两端与网柱之间不应有空隙。如有空隙,球网两端应与网柱系紧。

2. 羽毛球

2.1 球可由天然材料、人造材料或它们混合制成。无论是何种材料制成的球,飞行性能应与由天然羽毛和薄皮包裹软木球托制成的球的性能相似。

2.2 天然材料制作的球。

2.2.1 应由16根羽毛固定在球托上。

2.2.2 每根羽毛从球托面至羽毛尖的长度,统一为62～70mm。

2.2.3 羽毛顶端呈圆形,直径为58～68mm。

2.2.4 羽毛应用线或其他适宜材料扎牢。

2.2.5 球托底部为球形,直径为25～28mm。

2.2.6 球的质量为4.74～5.50g。

2.3 非天然材料制作的球。

2.3.1 球裙由合成材料制成的仿真羽毛代替天然羽毛。

2.3.2 球托应如规则2.2.5所述。

2.3.3 尺寸和质量应如规则2.2.2、规则2.2.3和规则2.2.6所述。但由于合成材料与天然羽毛的差异,允许有不超过10%的误差。

2.3.4 在因海拔或气候等条件不适宜使用标准球的地方,只要球的一般式样、速度和飞行性能不变,经有关会员协会批准,可以变通以上规定。

3. 球速的检验

3.1 验球时,运动员应低手向前上方全力击球,击球点必须在端线上方;球的飞行方向应与边线平行。

3.2 符合标准速度的球,应落在场地距离对方端线外沿530～990mm之间的区域内(图2-4)。

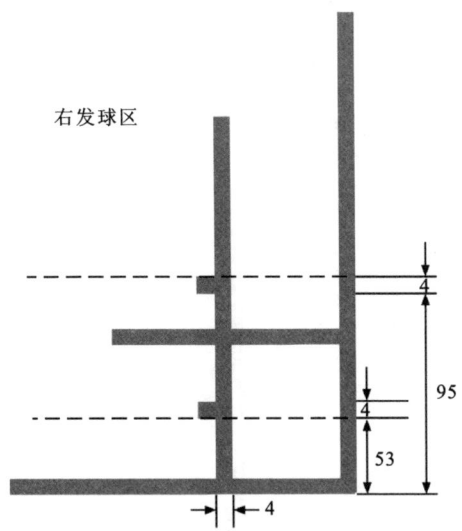

图 2-4　标准速度的球应落区域(虚线范围内)

注：图中数据单位为 cm。

4. 羽毛球拍

4.1　球拍长不超过 68cm，宽不超过 23cm，由规则 4.1.1～4.1.5 所述的各主要部分构成(图 2-5)。

4.1.1　拍柄是击球者通常握拍的部分。

4.1.2　拍弦面是击球者通常用于击球的部分。

4.1.3　拍头界定了拍弦面的范围。

4.1.4　拍杆通过规则 4.1.5 所述的部件，连接拍柄与拍头。

4.1.5　连接喉(如有)连接拍杆与拍头。

4.2　拍弦面。

4.2.1　拍弦面应是平的，由拍弦穿过拍头十字交叉或其他形式编织而成，编织的式样应保持一致，尤其是拍弦面中央的编织密度，不得小于其他部分。

4.2.2　拍弦面长不超过 28cm，宽不超过 22cm。拍弦可延伸进连接喉区域。

4.2.2.1　拍弦伸进连接喉的区域宽不得超过 3.5cm。

4.2.2.2　包括拍弦伸入区在内的拍弦面总长不得超过 33cm。

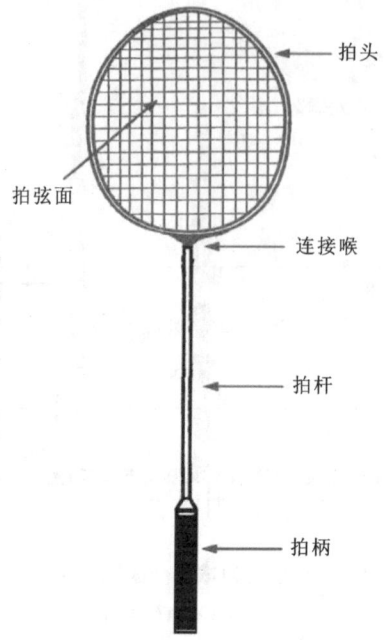

图 2-5 羽毛球拍示意图

4.3 球拍。

4.3.1 球拍不允许有附加物和突出部,除非是为了防止磨损、断裂、振动或调整重心的附加物,或预防球拍脱手而将拍柄系在手上的绳索,但其尺寸和位置必须合理。

4.3.2 球拍上不允许附加任何可能从本质上改变球拍形式的装置。

5. 设备的批准

5.1 审批。

有关球、球拍、设备以及试制品能否用于比赛等问题,由羽毛球世界联合会裁定。这种裁定可由羽毛球世界联合会主动作出,也可根据对其有切身利益的个人、团体(包括运动员、技术官员、设备厂商、会员协会或其他成员)的申请而作出。

5.2 残疾人羽毛球比赛辅助设备。

残疾人羽毛球比赛,可以使用轮椅或拐杖。

5.2.1 运动员的身体可用一弹性带固定在轮椅上。

5.2.2 可在轮椅上安装可延伸至主轮外的支撑轮。

5.2.3 运动员的双脚必须固定在轮椅的搁脚板上。

6. 挑边

6.1 比赛开始前应挑边,赢的一方(抛硬币等方式)应在规则6.1.1或规则6.1.2选项中做出选择。

6.1.1 先发球或先接发球。

6.1.2 在一个场区或另一个场区开始比赛。

6.2 输的一方在余下的一项中选择。

7. 计分方法

7.1 除非另有规定("礼让比赛"和"替换规则"),一场比赛应以三局两胜定胜负。

7.2 除规则7.4和规则7.5的情况外,先得21分的一方胜一局。

7.3 对方"违例"或球触及对方场区内的地面成死球,则本方胜这一回合,并得1分。

7.4 20分平局后,领先得2分的一方胜该局。

7.5 29分平局后,先到30分的一方胜该局。

7.6 一局的胜方在下一局首先发球。

8. 交换场区

8.1 以下情况,运动员应交换场区。

8.1.1 第一局结束。

8.1.2 第二局结束(如果有第三局)。

8.1.3 在第三局比赛中,一方先得11分时。

8.2 如果运动员未按规则8.1的规定交换场区,一经发现,在死球后立即交换,已得比分有效。

9. 发球

9.1 合法发球。

9.1.1 一旦发球员和接发球员做好准备,任何一方不得延误开始发球。

9.1.2 发球员的球拍头完成后摆,任何对发球开始(规则9.2)的延误都属于延误行为。

9.1.3 发球员和接发球员,应站在斜对角的发球区内(参见图1-1),脚不得触及发球区和接发球区的界线。

9.1.3.1 残疾人羽毛球轮椅式和站立式半场级比赛场地分别参见图2-1和图2-3。

9.1.4 从发球开始(规则 9.2)至发球结束(规则 9.3),发球员和接发球员的两脚,必须有一部分与场地的地面接触,不得移动。

9.1.4.1 轮椅式比赛:从发球开始至发球结束,发球员和接发球员的轮椅必须静止不动,发球员的轮椅自然地逆向移动除外。

9.1.5 发球员的球拍,应首先击中球托。

9.1.6 发球员的球拍击中球的瞬间,整个球应低于场地地面上方1.15m。

9.1.6.1 轮椅式比赛:发球员的球拍击中球的瞬间,整个球应低于发球员的腋下。

9.1.7 发球开始(规则 9.2)后,发球员必须连续向前挥拍,直至将球发出(规则 9.3)。

9.1.8 发出的球应向上飞行过网,如果未被拦截,球应落在规定的接发球区内(即落在界线上或界线内)。

9.1.9 发球员发球时,应击中球。

9.2 一旦运动员站好位置准备发球,发球员的球拍头开始向前挥动,即为发球开始。

9.3 一旦发球开始(规则 9.2),发球员的球拍击中或未能击中球,均为发球结束。

9.4 发球员应在接发球员准备好后才能发球,如果接发球员已试图接发球,即被视为已做好准备。

9.5 双打比赛发球时,发球员和接发球员的同伴应在各自的场区内。其站位不限,但不得阻挡对方发球员或接发球员的视线。

10. 单打

10.1 发球区和接发球区。

10.1.1 一局中,发球员的分数为 0 或双数时,双方运动员均应在各自的右发球区发球或接发球。

10.1.2 一局中,发球员的分数为单数时,双方运动员均应在各自的左发球区发球或接发球。

10.1.3 在残疾人的羽毛球半场级的比赛中,发球员和接发球员应在各自的发球区发球和接发球。

10.2 击球顺序和位置。

一回合中,球应由发球员和接发球员交替从各自所在场区的任何位置击出,

第二章 羽毛球基本规则

直至成死球为止(规则15)。

10.3 得分和发球。

10.3.1 发球员胜一回合(规则7.3)则得1分。随后,发球员再从另一发球区发球。

10.3.2 接发球员胜一回合(规则7.3)则得1分。随后,接发球员成为新发球员。

11. 双打

11.1 发球区和接发球区。

11.1.1 一局中,发球方的分数为0或双数时,发球方均应从右发球区发球。

11.1.2 一局中,发球方的分数为单数时,发球方均应从左发球区发球。

11.1.3 接发球方上一回合最后一次发球的运动员应在原发球区。其同伴的站位与其相反。

11.1.4 接发球员应是站在发球员斜对角发球区的运动员。

11.1.5 发球方每得1分,原发球员则变换发球区再发球。

11.1.6 除规则12的情况外,球都应从与发球方得分相对应的发球区发出。

11.2 击球顺序和位置。

每一回合发球被回击后,由发球方的任何一人和接球方的任何一人,交替在各自场区的任何位置击球,如此往返直至死球(规则15)。

11.3 得分和发球。

11.3.1 发球方胜一回合(规则7.3)得1分。随后发球员继续发球。

11.3.2 接发球方胜一回合(规则7.3)得1分。随后接发球方成为新发球方。

11.4 发球顺序。

每局比赛的发球权必须进行如下传递。

11.4.1 首先是首先发球员,从右发球区发球。

11.4.2 其次是首先接发球员的同伴,从左发球区发球。

11.4.3 然后是首先发球员的同伴。

11.4.4 接着是首先接发球员。

11.4.5 再接着是首先发球员,依次传递。

19

11.5 运动员在比赛中不应有发球、接发球顺序错误或在一局比赛中连续两次接发球(规则12的情况除外)。

11.6 一局胜方的任一运动员可在下一局先发球;一局负方的任一运动员可在下一局先接发球。

12. 发球区错误

12.1 以下情况为发球区错误。

12.1.1 发球或接发球顺序错误。

12.1.2 在错误的发球区发球或接发球。

12.2 如果发现发球区错误,应在死球后予以纠正,已得比分有效。

13. 违例

以下情况均属违例。

13.1 不合法发球(参见规则9.1)

13.2 球发出后:

13.2.1 停在网顶。

13.2.2 过网后挂在网上。

13.2.3 被接发球员的同伴击中。

13.3 比赛进行中,球:

13.3.1 落在场地界线外(即未落在界线上或界线内)。

13.3.2 未从网上越过。

13.3.3 触及天花板或四周墙壁。

13.3.4 触及运动员的身体或衣服。

13.3.4.1 残疾人羽毛球轮椅式比赛:视轮椅或拐杖为运动员身体的一部分。

13.3.5 触及场地外其他物体或人。

(关于比赛场馆的建筑结构问题,必要时,地方羽毛球竞赛承办机构可以制定羽毛球场及建筑物的临时规定,但其归属的羽毛球世界联合会有否决权。)

13.3.6 被击时停滞在球拍上,紧接着被拖带抛出。

13.3.7 被同一运动员两次挥拍连续两次击中;但一次击球动作中球被拍框和拍弦面击中不属违例。

13.3.8 被同方两名运动员连续击中。

13.3.9 触及运动员球拍,而未飞向对方场区。

13.4 比赛进行中,运动员:

13.4.1 球拍、身体或衣服触及球网或球网的支撑物。

13.4.2 球拍或身体从网上侵入对方场区(击球时,球拍与球的接触点在击球者网这一方,而后球拍随球过网的情况除外)。

13.4.3 球拍或身体从网下侵入对方场区,导致妨碍对方或分散对方的注意力。

13.4.4 妨碍对方,即阻挡对方随球过网的合法击球。

13.4.5 故意分散对方注意力的任何举动,如喊叫、做手势等。

13.4.6 在轮椅式比赛中:

13.4.6.1 运动员击中球的瞬间,其躯干无任何部位与轮椅座面接触。

13.4.6.2 脚未固定在搁脚板上。

13.4.6.3 比赛进行中,运动员双脚的任何部位触及地面。

13.5 运动员严重违反或屡犯规则16的规定。

14. 重发球

14.1 由裁判员或运动员(未设裁判员时)宣报"重发球",用以中断比赛。

14.2 以下情况为"重发球"。

14.2.1 发球员在接发球员未做好准备时发球(规则9.4)

14.2.2 在发球过程中,发球员和接发球员都被判违例。

14.2.3 发出的球被回击后:

14.2.3.1 球停在网顶。

14.2.3.2 球过网后挂在网上。

14.2.4 比赛进行中,球托与球的其他部分完全分离。

14.2.5 裁判员认为比赛被干扰或教练员干扰了对方运动员的比赛。

14.2.6 司线员未看清,裁判员也不能作出裁决时。

14.2.7 遇到不可预见的意外情况。

14.3 "重发球"时,该次发球无效,原发球员重新发球。

15. 死球

以下情况为死球。

15.1 球撞网或网柱后,开始向击球者网这方的地面落下。

15.2 球触及地面。

15.3 宣报了"违例"或"重发球"。

16. 比赛连续性、行为不端及处罚

16.1 除规则16.2、规则16.3和规则16.5.3允许的情况外,比赛自第一次发球开始至该场比赛结束应是连续的。

16.2 间歇。

16.2.1 每局比赛,当一方先得11分时,允许有不超过60s的间歇。

16.2.2 所有比赛中,局与局之间允许有不超过120s的间歇(有电视转播的比赛,裁判长可在该场比赛前决定变更规则16.2规定的间歇时间)。

16.3 比赛的暂停。

16.3.1 遇不是运动员所能控制的情况,裁判员可根据需要暂停比赛。

16.3.2 遇特殊情况,裁判长可要求裁判员暂停比赛。

16.3.2.1 在残疾人羽毛球比赛中,修理运动员辅助设备(规则5.2)可视为特殊情况。

16.3.3 如果比赛暂停,已得比分有效,恢复比赛时由该比分计起。

16.4 延误比赛。

16.4.1 不允许运动员为恢复体力、喘息或接受指导而延误比赛。

16.4.2 裁判员是"延误比赛"的唯一裁决者。

16.5 指导和离开场地。

16.5.1 在一场比赛中,仅在死球时(规则15),允许运动员接受指导。

16.5.2 在一场比赛中,运动员未经裁判员允许不得离开场地(规则16.2规定的间歇除外)。

16.5.3 在轮椅式比赛中,允许运动员在一场比赛中因需要离开场地导尿而有一次额外间歇。该运动员应由羽毛球世界联合会委派的任一技术官员陪同。

16.6 运动员不得有下列行为。

16.6.1 故意延误或中断比赛。

16.6.2 故意改变或损坏球,以此影响球的速度或飞行。

16.6.3 举止无礼或不当。

16.6.4 规则未述的其他不端行为。

16.7 对违犯者的处罚。

16.7.1 对违反规则16.4.1、规则16.5.2或规则16.6的运动员,裁判员应执行:

16.7.1.1 警告。

16.7.1.2 对已被警告过的一方判违例。

16.7.1.3 对严重违反或违反规则16.2的一方判违例。

16.7.2 在判违犯方违例时(规则16.7.1.2或规则16.7.1.3),裁判员应立即报告裁判长;裁判长有权取消其该场比赛资格。

17. 技术官员职责和申诉受理

17.1 裁判长对比赛全面负责。

17.2 临场裁判员主持一场比赛,并管理该比赛场地及其紧邻的区域;裁判长对裁判员负责。

17.3 发球裁判员负责宣判发球员的发球违例(规则9.1.2～9.1.9)。

17.4 司线员负责宣判球在其分管线的落点是"界内"或"界外"。

17.5 技术官员对其所分管职责内事实的宣判是最后的裁决。以下情况除外:

17.5.1 当裁判员确认司线员明显错判时,允予纠正。

17.5.2 当有即时回放系统时,由该系统对球落点宣判的挑战予以裁决。

17.6 裁判员应:

17.6.1 维护和执行羽毛球比赛规定,及时宣判"违例"或"重发球"。

17.6.2 对在下一次发球前提出的申诉作出裁决。

17.6.3 确保运动员和观众能随时了解比赛进展情况。

17.6.4 与裁判长磋商后指派或撤换司线员或发球裁判员。

17.6.5 在技术官员不足时,对无人执行的职责做出安排。

17.6.6 在技术官员未看清时,执行其职责或判"重发球"。

17.6.7 记录并向裁判长报告与规则16有关的所有情况。

17.6.8 仅将与规则有关的申诉提交给裁判长(此类申诉必须在下次发球击出前提出;如果该场比赛结束,则应在申诉方离开场地前提出)。

第三章 羽毛球握拍、架拍、挥拍技术

第一节 握拍技术

羽毛球握拍是羽毛球技术中的基础环节,正确的握拍方式能够帮助球员更好地控制球拍,提高击球的准确性。

羽毛球握拍的技术种类包括羽毛球正手握拍、羽毛球反手握拍。

羽毛球握拍的技术要领(以右手持拍为例)如下。

1. 羽毛球正手握拍的技术要领

张开右手,使手掌下部(小鱼际)靠在球拍握柄,虎口对着球拍柄窄的一面,小指、无名指、中指自然地并拢,食指与中指稍稍分开,自然地弯曲并贴在球拍柄上(图3-1)。

图 3-1 正手握拍动作

2. 羽毛球反手握拍的技术要领

由正手握拍法把球拍框往外转,拇指伸直贴在球拍把的宽面部位,食指、中指、无名指、小指并拢(图3-2)。

图 3-2　反手握拍动作

第二节　架拍技术

羽毛球架拍技术是羽毛球运动中的基础技术之一,它对于提高击球的准确性和力量感有着重要的影响。

羽毛球架拍的技术要领(以右手持拍为例)如下:左脚在前,右脚在后,两脚与肩同宽,呈丁字步站位。左手自然上举,右手屈臂举于右侧,拍头位于额头上方(图3-3)。

图 3-3　架拍动作

第三节　挥拍技术

羽毛球挥拍是击球过程中的核心动作,其主要目的是通过正确的技术动作,将身体各个部位在运动中产生的速度和力量依次叠加传递至球拍并作用在球上,使球获得最大动能。

羽毛球挥拍的技术要领(以右手持拍为例)如下。

(1)准备动作:架拍动作准备就绪(图 3-4)。

图 3-4　一般架拍准备动作

(2)引拍动作:后脚蹬地、转体,肘关节向上,拍头下垂(图 3-5)。

图 3-5　一般引拍动作

(3)击球动作:持拍手前臂由后向前、由下至上急速内旋,顺着绕环动作继续向前上方挥动,手指屈指发力握紧球拍(图3-6)。

图 3-6　一般击球动作

(4)随挥动作:身体随惯性向左侧转体,持拍手臂顺惯性往左下方挥动并收拍至体前(图3-7)。

图 3-7　一般随挥动作

第四章 羽毛球后场高远球技术

羽毛球后场高远球技术是羽毛球后场技术的基石,因此,提高后场高远球技术水平无疑是全面提升其后场技术能力的关键所在。

后场高远球技术种类包括正手高远球、头顶高远球、反手后场高远球。

后场高远球的技术要领(以右手持拍为例)如下。

1. 正手高远球的技术要领

(1)准备动作:左脚在前,右脚在后,两脚与肩同宽,呈丁字步站位。身体侧对球网,重心在右脚上,左手自然上举。右手握拍,屈臂举于右侧,拍头位于额头前上方(参见图 3-3)。

(2)引拍动作:后脚蹬地、转体,肘关节向上,拍头下垂(参见图 3-5)。

(3)击球动作:后脚蹬地、转体和腰腹协调发力,以肩为轴,大臂带动小臂快速向前上方甩动手腕,在手臂伸直的最高点击球(图 4-1)。

图 4-1　正手高远球击球动作

(4)随挥动作:身体随惯性向左侧转体,持拍手臂顺惯性往前下方挥动并收拍至体前(图 4-2)。

第四章 羽毛球后场高远球技术

图 4-2 正手高远球随挥动作

2. 头顶高远球的技术要领

(1)准备动作：与正手击高远球基本一致，身体偏右后倾斜，左脚在前，右脚在后，重心放在右脚。右臂屈肘，左手自然高举，手腕、拍面稍内旋(图 4-3)。

图 4-3 头顶高远球准备动作

（2）随挥动作：击球后，小臂内旋较明显，惯性作用小，手臂自然往前摆动落地时左腿向左后方摆幅较大（图4-4）。

图 4-4　头顶高远球随挥动作

3. 反手高远球的技术要领

（1）准备动作：两脚左右开立，两脚间距比肩略宽，右手握拍，置于体前（图4-5）。

图 4-5　反手高远球准备动作

(2)引拍动作:上臂及肘关节上举与肩平,拍头向下引拍(图 4-6)。

图 4-6　反手高远球引拍动作

(3)击球动作:击球点在右肩上方或侧上方,手臂迅速向上摆,前臂快速向右斜上方摆动,拇指顶压拍柄发力(图 4-7)。

图 4-7　反手高远球击球动作

(4)随挥动作:身体随重心的转移成正面对网,球拍回收至体前。

第五章　羽毛球发球技术

羽毛球发球阶段在比赛中占据着至关重要的地位,不仅能够助力球员把握比赛节奏,从而占据主导地位,同时通过多样化的发球技巧,有效地对对手进行战术上的调控和策略布局。

发球技术种类包括正手发球、反手发球。

1. 正手发球的技术要领(以右手持拍为例)

(1)握拍动作:采用正手握拍(参见图3-1)。

(2)准备动作:双脚与肩同宽。左脚脚尖朝前,右脚脚尖朝右,呈丁字步站位,身体重心放在右脚。右手持拍,左手握球头,自然屈肘放在身体右侧(图5-1)。

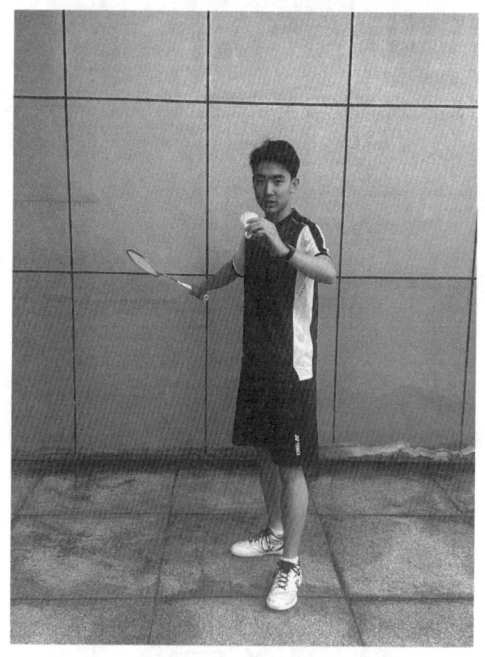

图5-1　正手发球准备动作

(3)引拍动作:左肩对网,右臂随肘关节运动向身体右后上提,身体微微前倾,前臂稍展开手腕尽量伸展(图5-2)。

第五章 羽毛球发球技术

图 5-2　正手发球引拍动作

（4）击球动作：左手前伸，放球使球垂直落下，右手自下向前上方挥拍，身体同步转体。当拍面击球时，带动手腕、手指瞬间发力。

（5）随挥动作：击球之后，右手随惯性向左肩上方挥动（图 5-3）。

图 5-3　正手发球随挥动作

2. 反手发球的技术要领(以右手持拍为例)

(1)握拍动作:采用反手握拍(参见图 3-2)

(2)准备动作:双脚前后分开,保持平衡(图 5-4)。

图 5-4　反手发球准备动作

(3)引拍动作:使用反手握拍的方式,使拍面与球网平行(图 5-5)。

图 5-5　反手发球引拍动作

（4）击球动作：将球放置拍面前方，球拍向后摆动，并不停顿地接着向前挥动，向前上方将球击出（图 5-6）。发球时击球点的高度不可超过 1.15m，否则被判犯规。

图 5-6　反手发球击球动作

第六章 羽毛球前场挑球技术

羽毛球前场挑球技术是羽毛球运动中一项防守技术,主要用于在比较被动的情况下采取将球挑高回击到对方后场,从而争取更多的移动时间和回击机会。

前场挑球技术种类包括正手挑球、反手挑球。

前场挑球的技术要领(以右手持拍为例)如下。

1. 正手挑球的技术要领

(1)准备动作:两脚左右开立,右脚在前,左脚在后,两脚间距比肩略宽,右手握拍,置于体前(图 6-1)。

图 6-1

(2)引拍动作:左脚垫步前移,右脚向右前方跨步,右脚尖朝外。前臂外旋,手腕伸展,将球拍引至右侧下方(图 6-2)。

第六章　羽毛球前场挑球技术

图 6-2　正手挑球引拍动作

（3）击球动作：前臂内旋，屈腕发力，以正拍面向前上方挥动击球（图 6-3）。

图 6-3　正手挑球击球动作

(4)随挥动作:击球之后,球拍向左肩上方挥动(图6-4)。

图 6-4　正手挑球随挥动作

2. 反手挑球的技术要领

(1)准备动作:右脚向左前方大跨步,呈弓箭步(图6-5)。

图 6-5　反手挑球准备动作

（2）引拍动作：球拍由身前引向左下方，拍面朝上，上身前倾（图6-6）。

图6-6　反手挑球引拍动作

（3）击球动作：右脚向左前方迈出弓箭步，手腕由外展至内收，手臂由下向上挥动击球（图6-7）。

图6-7　反手挑球击球动作

第七章　羽毛球网前搓球、放网技术

网前搓球、放网技术是羽毛球比赛中不可或缺的一部分,特别适用于高水平的比赛。通过高质量的搓球和放网,可以极大地影响比赛的节奏和对手战术的部署。

第一节　网前搓球

网前搓球技术种类包括正手搓球、反手搓球。

网前搓球的技术要领(以右手持拍为例)如下。

1. 正手搓球

(1)准备动作:站在球场的发球线前,保持身体重心向前,双脚分开成弓箭步,右脚脚尖朝外45°(图7-1)。

图7-1　正手搓球准备动作

(2)引拍动作:前臂内旋做半弧形引拍动作,手腕向后伸(图7-2)。

图 7-2　正手搓球引拍动作

(3)击球动作:用食指、拇指捻动球拍,手腕由展腕至收腕发力(图 7-3)。

图 7-3　正手搓球击球动作

2. 反手搓球

(1)准备动作:拍与手臂向前伸出,左脚蹬地右脚向网前跨成弓箭步,侧身背对网,重心在右脚(图7-4)。

图7-4 反手搓球准备动作

(2)引拍动作:反手握拍,前臂上举,手腕前屈,手背约与网同高,拍面低于网顶,以反拍拍面迎球(图7-5)。

图7-5 反手搓球引拍动作

(3)击球动作:拍面稍微向内倾斜,前臂前伸外旋,手腕由外展至内收(图7-6)。

图7-6 反手搓球击球动作

第二节 网前放网

网前放网技术种类包括正手放网、反手放网。

网前放网的技术要领(以右手持拍为例)如下。

1. 正手放网

(1)准备动作:两脚左右开立,右脚在前,左脚在后,两脚间距比肩略宽,右手握拍,置于体前(图7-7)。

(2)引拍动作:前臂随步法移动伸向右前上方,并有外旋、手腕稍后伸动作(图7-8)。

羽毛球基础与提高:全面技术教程

图 7-7　正手放网准备动作

图 7-8　正手放网引拍动作

(3)击球动作:用手腕带动手指轻击球托斜侧面和底部(图7-9)。

图7-9　正手放网击球动作

2. 反手放网

(1)准备动作:两脚左右开立,右脚在前,左脚在后,两脚间距比肩略宽,右手握拍,置于体前(参见图7-7)。

(2)引拍动作:随步法移动将握拍调整为反手握拍,前臂伸向前上方,手腕前屈,手背约与球网同高,拍面低于网顶,用反拍面迎球(图7-10)。

图7-10　反手放网引拍动作

(3)击球动作:用手腕带动手指向球托斜侧面和底部提击(图 7-11)。

图 7-11　反手放网击球动作

第八章 羽毛球后场吊球技术

吊球是一种技巧性较高的技术,掌握好后场吊球技术,不仅能够有效地辅助进攻,还可以作为一种重要的得分手段。熟练掌握后场吊球技术,并能够在比赛中准确地运用,是取得胜利的关键之一。

后场吊球技术种类包括劈吊、滑板、收吊。

后场吊球的技术要领(以右手持拍为例)如下。

1. 正手吊球(劈吊)

(1)准备动作:与正手高远球的动作要领基本一致(图8-1)。

图 8-1 正手吊球准备动作

(2)引拍动作:后脚蹬地、转体,肘关节向上,拍头下垂(图8-2)。

图 8-2　正手吊球引拍动作

(3)击球动作：肘关节上抬将小臂和手腕送出，手指转动使球拍形成一定的外旋，用斜拍面切击球托后部的右侧位置(图 8-3)。

图 8-3　正手吊球击球动作

(4)随挥动作:前臂内旋,使球拍回收至体前,降低重心,并迅速转体回动(图8-4)。

图8-4　正手吊球随挥动作

2. 正手收吊

(1)准备动作:与正手高远球的动作要领基本一致(图8-5)。

图8-5　正手收吊准备动作

(2)引拍动作:后脚蹬地、转体,肘关节向上,拍头下垂(图8-6)。

图8-6 正手收吊引拍动作

(3)击球动作:肘关节上抬将小臂和手腕送出,通过手腕的内旋带动球拍拍面快速切击球托的右侧后下部(图8-7)。

图8-7 正手收吊击球动作

(4)随挥动作:击球动作完成后,惯性向左前下方挥动(图8-8)。

图8-8 正手收吊随挥动作

3. 头顶滑板

(1)准备动作:与头顶高远球基本一致(图8-9)。屈膝下降重心,准备起跳。

图8-9 头顶滑板准备动作

（2）引拍动作：后脚蹬地、转体，右臂向右上方摆起，肘关节向上，拍头下垂（图 8-10）。

图 8-10　头顶滑板引拍动作

（3）击球动作：与正手收吊不同的是击球的瞬间改变拍面的运行角度，击球的瞬间手腕做弧形外展闪动，并切击球托的左侧后下部（图 8-11）。

图 8-11　头顶滑板击球动作

(4)随挥动作:前臂内旋,前臂随惯性往体前收,完成收拍(图 8-12)。

图 8-12　头顶滑板随挥动作

4. 头顶吊球

(1)准备动作:与头顶击高远球基本一致(图 8-13)。屈膝下降重心,准备起跳。

图 8-13　头顶吊球准备动作

（2）引拍动作：右上臂往右后上摆，前臂自然后摆，手腕后伸，前臂带动球拍由上往后下挥动（图8-14）。

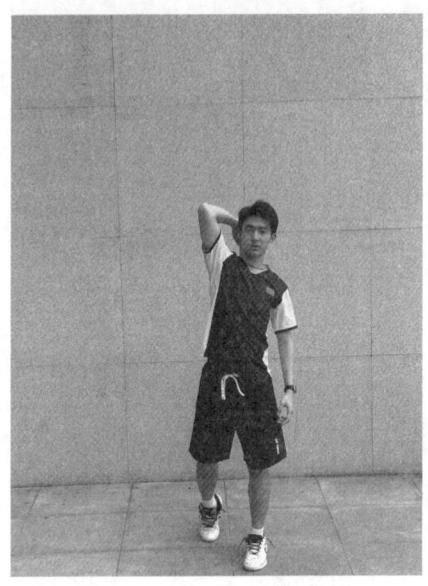

图8-14　头顶吊球引拍动作

（3）击球动作：大臂带动小臂，手腕内旋击球，拍面向外去切球头的左侧，使球向网前直线飞行（图8-15）。

图8-15　头顶吊球击球动作

(4)随挥动作:前臂内旋,击球后肩膀放松,手臂和球拍要往前送,完成收拍(图 8-16)。

图 8-16　头顶吊球随挥动作

5. 正手滑板

(1)准备动作:与正手高远球的动作要领基本一致。身体保持侧立,左肩对网,双脚开立与肩同宽(图 8-17)。

图 8-17　正手滑板准备动作

(2)引拍动作:右臂往右后上方摆起,前臂自然后摆,手腕后伸(图8-18)。

图8-18　正手滑板引拍动作

(3)击球动作:小臂内旋带动手腕,从右向左切击球头,形成逆时针方向的挥拍动作。切击球托的左后侧中部(图8-19)。

图8-19　正手滑板击球动作

(4)随挥动作:击球完毕后,球拍顺势挥至身体左下方(图8-20)。

图8-20 正手滑板随挥动作

6.反手吊球

(1)准备动作:两脚左右开立,右脚在前,左脚在后,两脚间距比肩略宽,右手握拍,置于体前(图8-21)。

图8-21 反手吊球准备动作

（2）引拍动作：右上臂及肘关节上举与肩平，拍头向下引拍，手腕回环伸展（图8-22）。

图8-22　反手吊球引拍动作

（3）击球动作：击球时手肘上抬，击球拍面竖立切击球托下方，小臂外旋带动手腕、手指发力（图8-23）。

图8-23　反手吊球击球动作

(4)随挥动作:击球完毕后,球拍顺势挥至身体右下方(图8-24)。

图8-24 反手吊球随挥动作

第九章　羽毛球后场杀球技术

在羽毛球技术中,杀球以其迅猛的速度和强大的进攻性脱颖而出。作为决胜的关键武器,杀球的力量和速度不仅体现了技术的精湛,更是获取比赛胜利的重要得分手段。

后场杀球技术种类包括正手杀球、头顶杀球。

后场杀球的技术要领(以右手持拍为例)如下。

1. 正手杀球的技术要领

(1)准备动作:左脚在前,右脚在后,两脚与肩同宽,呈丁字步站位。身体侧对球网,重心在右脚上,左手自然上举。右手握拍,屈臂举于右侧,拍头位于额头前上方(图 9-1)。

图 9-1　正手杀球准备动作

(2)引拍动作:后脚蹬地、转体,肘关节向上,拍头下垂(图 9-2)。

第九章　羽毛球后场杀球技术

图 9-2　正手杀球引拍动作

（3）击球动作：持拍手上臂上举，前臂内旋，手腕前屈，鞭打发力击球（图 9-3）。

图 9-3　正手杀球击球动作

(4)随挥动作:击球后,前臂随惯性往体前收,在回位过程中将球拍回收至胸前(图9-4)。

图9-4　正手杀球随挥动作

2.头顶杀球的技术要领

(1)准备动作:左脚后跟抬起,右脚侧身向左后方退步(图9-5)并迅速起跳,身体呈弓形。

图9-5　头顶杀球准备动作

(2)引拍动作：持拍手上臂随着身体向左转体，稍作回环上举，身体充分伸展，肘关节向上，拍头下垂（图9-6）。

图9-6　头顶杀球引拍动作

(3)击球动作：右前臂向前上方由内旋，带动手腕挥拍形成鞭打发力（图9-7）。

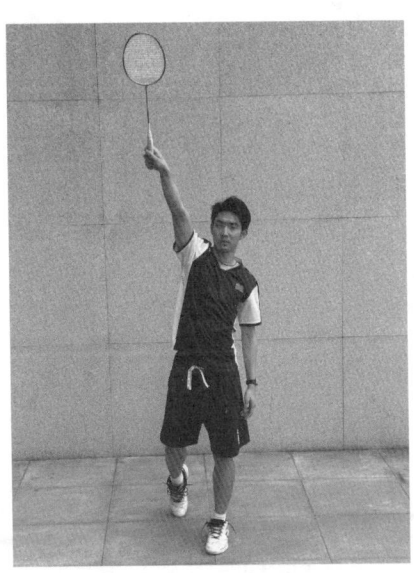

图9-7　头顶杀球击球动作

(4)随挥动作:与正手杀球动作基本相同(图 9-8)。

图 9-8　头顶杀球随挥动作

第十章　羽毛球后场平高球技术

羽毛球平高球作为一种重要的技术手段,其实用性不容小觑。在击球过程中,将主要力量集中于前方,以此降低球的弧线并提升其速度,使之远超高远球。在比赛中,运用得当的平高球能够有效调动对手的站位,破坏其身体平衡,进而降低回球质量,创造更有利的进攻机会。

后场平高球的技术要领(以右手持拍为例)如下。

1. 正手平高球的技术要领

(1)准备动作:左脚在前,右脚在后,两脚与肩同宽,呈丁字步站位。身体侧对球网,重心在右脚上,左手自然上举。右手握拍,屈臂举于右侧,拍头位于额头前上方(图 10-1)。

图 10-1　正手平高球准备动作

(2)引拍动作:后脚蹬地、转体,右臂向右上方摆,肘关节向上,拍头下垂(图 10-2)。

图 10-2　正手平高球引拍动作

(3)击球动作:右脚蹬地转髋,前臂迅速内旋,带动手腕向前上方展腕鞭打发力击球(图 10-3)。

图 10-3　正手平高球击球动作

(4)随挥动作:击球完毕后,球拍顺势挥至身体左下方(图10-4)。

图10-4　正手平高球随挥动作

2. 头顶平高球的技术要领

(1)准备动作:左脚在前,右脚在后,重心在右脚上。右臂屈肘,左手自然高举,右手握拍,手臂自然弯曲,将球拍举在右肩上方,手腕、拍面稍内旋,击球点在左肩或头顶左后上方(图10-5)。

图10-5　头顶平高球准备动作

(2)引拍动作:右上臂向上抬,球拍由右绕过头顶,击球选择在头顶上方(图10-6)。

图10-6　头顶平高球引拍动作

(3)击球动作:右前臂向前上方由内旋,带动手腕挥拍形成鞭打发力(图10-7)。

图10-7　头顶平高球击球动作

(4)随挥动作:击球后,小臂内旋,手臂自然往前摆动(图10-8)。落地时左腿向左后方摆幅较大。

图 10-8　头顶平高球随挥动作

第十一章　羽毛球点杀、突击杀球技术

后场杀球技术种类除了重杀之外,还有点杀和突击杀球。

第一节　点　杀

点杀的特点是突击性强。所谓突击性,就是在击球的过程中突然地变化,动作小,闪腕快,快速击球,保持自身的进攻连贯性。

后场点杀的技术要领(以右手持拍为例)如下。

(1)挥拍——充分利用手腕发力。

(2)拍面——最大程度下压。

(3)球的飞行弧度一直斜往下,尽量保持球速。

第二节　突击杀球

后场突击杀球的技术要领(以右手持拍为例)如下。

1. 正手突击杀球

(1)击球前:左脚稍前,右脚稍后,身体稍右侧倾、屈膝,重心落在右脚上,并步移动准备起跳(图11-1)。

图11-1　正手突击杀球击球前动作

(2)击球时：身体向右后方腾起，上身向右后仰，右臂向右上方抬，肩部向后展开。前臂内旋，手腕前屈微收，鞭打发力击球(图 11-2)。

图 11-2　正手突击杀球击球时动作

(3)击球后：屈膝缓冲，右脚右侧着地，重心在右脚上，左脚在左侧靠前着地，迅速还原，手臂随惯性自然往体前收(图 11-3)。

图 11-3　正手突击杀球击球后动作

2. 头顶突击杀球

（1）击球前：右脚稍前，左脚稍后，身体稍前倾、屈膝，重心落在左脚上，并步移动准备起跳（图11-4）。

图11-4　头顶突击杀球击球前动作

（2）击球时：身体向左后方腾起，右臂向左上方抬，肩部向后展开。前臂内旋，手腕前屈微收，鞭打发力击球（图11-5）。

图11-5　头顶突击杀球击球时动作

（3）击球后：用屈膝缓冲，左脚左侧着地，重心在左脚上。右脚在右侧靠前着地，迅速还原，手臂随惯性自然往体前收（图11-6）。

图11-6　头顶突击杀球击球后动作

第十二章　羽毛球网前推球、扑球、勾球技术

羽毛球推球技术是一种常用的羽毛球技术,此技术能够精准且迅速地将球推送至对方场地的空当之处,为运动员在比赛中赢得宝贵的主动权。同时,推球技术不仅能够有效地掌控比赛的节奏,还可为运动员创造出能进攻的有利局面。

羽毛球扑球技术作为一种关键的进攻性技术,用于反击对手在网前或吊球质量不高的回球。在正式比赛中,此技术具有直接得分的能力,其重要性不言而喻。

羽毛球勾球技术是一种灵活的技术。此技术能有效调动对手,进而实现战术意图。通过运用勾球技术,不仅能够迷惑对手,更能够创造出有利的得分机会,从而取得比赛优势。

第一节　网前推球

网前推球技术种类包括正手推球、反手推球。

网前推球的技术要领(以右手持拍为例)如下。

1. 正手推球

(1)准备动作:站在球场的发球线后,双脚分开站位,保持身体平衡。轻微向前倾斜,以便更好地迎接球(图12-1)。

图 12-1　正手推球准备动作

(2)引拍动作:前臂随步法移动伸向右前上方,并外旋,手腕向后展开(图12-2)。

图 12-2　正手推球引拍动作

(3)击球动作:以肘为轴,前臂由外旋回环至内旋,带动手腕由伸腕到展腕向前鞭打发力,击球瞬间充分发挥食指力量(图 12-3)。

图 12-3　正手推球击球动作

2. 反手推球

（1）准备动作：站在球场的发球线后，双脚分开站位，保持身体平衡。轻微向前倾斜，以便更好地迎接球（参见图12-1）。

（2）引拍动作：前臂随步法移动伸向左前上方，反拍面迎球，肘关节微屈，手腕向外展（图12-4）。

图12-4　反手推球引拍动作

（3）击球动作：以肘为轴，前臂前伸并带外旋，带动手腕由外展到伸直闪动发力（图12-5）。

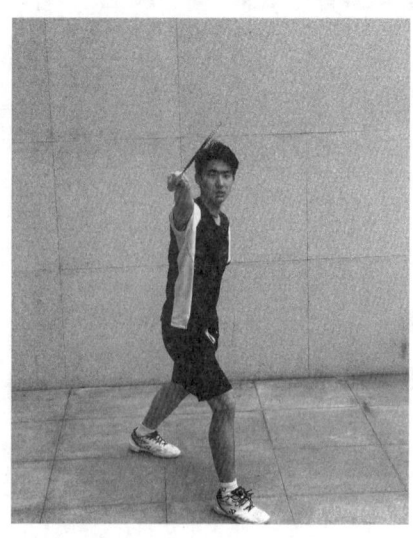

图12-5　反手推球击球动作

第二节　网前扑球

网前扑球技术种类包括正手扑球、反手扑球。

网前扑球的技术要领(以右手持拍为例)如下。

1. 正手扑球

(1)准备动作:站在球场的发球线后,双脚分开站位,保持身体平衡。轻微向前倾斜,以便更好地迎接球(图12-6)。

图12-6　正手扑球准备动作

(2)引拍动作:手臂向前伸展,手腕向外伸展,手掌朝向球的方向(图12-7)。

图12-7　正手扑球引拍动作

(3)击球动作:手臂充分前伸,手腕展开,用中指、无名指和小指突然握紧拍柄,手腕鞭打发力,向前下方击球(图12-8)。

图12-8 正手扑球击球动作

2.反手扑球

(1)准备动作:站在球场的发球线后,双脚分开站位,保持身体平衡。轻微向前倾斜,以便更好地迎接球(参见图12-6)。

(2)引拍动作:前臂和手腕向后倒拍(图12-9)。

图12-9 反手扑球引拍动作

(3)击球动作:手臂充分前伸,手腕由外展至内收,鞭打发力向前下方击球(图12-10)。

图12-10　反手扑球击球动作

第三节　网前勾球

网前勾球技术种类包括正手勾球、反手勾球。

网前勾球的技术要领(以右手持拍为例)如下。

1. 正手勾球

(1)准备动作:站在球场的发球线后,双脚分开站位,保持身体平衡。轻微向前倾斜,以便更好地迎接球(参见图12-6)。

(2)引拍动作:前臂微屈要往前上方举,拍子前伸,拍面与水平面呈45°,斜对球网(图12-11)。

(3)击球动作:击球瞬间,前臂内旋往身体左侧拉收(图12-12),手腕由稍后伸至内收,击打球托的右侧下部,使球朝对角方向飞行。

图 12-11　正手勾球引拍动作

图 12-12　正手勾球击球动作

(4)随挥动作:击球后随挥动作见图 12-13。最后,球拍回收至准备姿势。

图 12-13　正手勾球随挥动作

2. 反手勾球

(1)准备动作:站在球场的发球线后,双脚分开站位,保持身体平衡。轻微向前倾斜,以便更好地迎接球(参见图 12-6)。

(2)引拍动作:前臂微屈要往前上方举,拍子前伸,拍面与水平面呈 45°,斜对球网,迎着球的方向(图 12-14)。

图 12-14　反手勾球引拍动作

(3)击球动作:击球瞬间,前臂内旋往身体右侧拉收,手腕由前伸至内收,击打球托的左侧下部(图12-15)。

图 12-15　反手勾球击球动作

(4)随挥动作:击球后随挥动作见图12-16。最后,球拍回收至准备姿势。

图 12-16　反手勾球随挥动作

第十三章　羽毛球接杀挡网技术

接杀挡网技术是羽毛球比赛中常见的进攻性防守技术。高质量的接杀挡网不仅能打断对手的连续进攻,而且可以直接创造出转守为攻的机会。

接杀球技术种类包括正手接杀球、反手接杀球。

接杀球的技术要领(以右手持拍为例)如下。

1. 正手接杀球

(1)准备动作:膝盖微屈,降低身体重心,双脚与肩平行。面对来球方向。两脚略比肩宽(图 13-1)。

图 13-1　正手接杀球准备动作

(2)引拍动作:面对球网,左脚迅速蹬地,快速并步或侧身跨步步法将身体移至场地右侧,同时持拍手伸向场地右侧(图 13-2)。

图 13-2　正手接杀球引拍动作

(3)击球动作:拍面打开与地面呈 45°,小臂带动手腕、手指(图 13-3)。

图 13-3　正手接杀球击球动作

2. 反手接杀球

(1)准备动作:膝盖微屈,降低身体重心,双脚与肩平行。面对来球方向。两脚略比肩宽(参见图13-1)。

(2)引拍动作:左脚迅速蹬地转身,用侧身跨步将身体移至场地左侧,同时持拍手伸向场地左侧(图13-4)。

图 13-4　反手接杀球引拍动作

(3)击球动作:拍面打开与地面呈 45°,小臂带动手腕、手指(图 13-5)。

图 13-5　反手接杀球击球动作

第十四章　羽毛球接发球技术与步法

羽毛球接发球技术是羽毛球比赛中重要的技术之一。在接发球时,运动员需要根据对手的发球方式、球的落点以及自己站位等因素,采取合适的接球技术与步伐,以便能够在比赛中取得优势。

第一节　接发球技术

一、接发球准备姿势（以右手持拍为例）

左脚在前,全脚掌着地;右脚在后,前脚掌触地。双膝稍微弯曲,身体重心在左脚上。右手持拍自然举放在胸前,左手自然屈肘于左侧(图14-1)。

图14-1　接发球准备姿势

二、接发球技术种类

接发球技术种类包括前场和后场、正手和反手接发球。

1. 接发球前场回击

接发球前场回击种类包括：①接发球搓、放小球(图14-2③)；②接发球勾对角小球(图14-2②)；③接发球挑球(图14-2④)；④接发球推球(图14-2④)；⑤接发球扑球(图14-2⑤)。

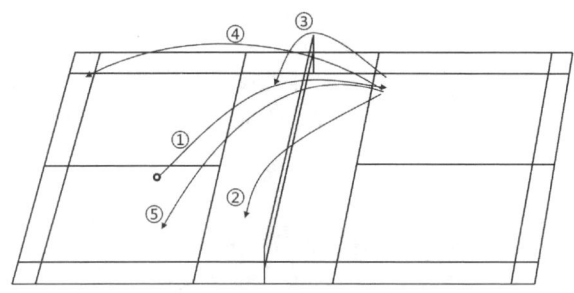

①发前场小球；②接发勾对角小球；③接发球搓、放小球；

④接发球推球、挑球；⑤接发球扑球

图14-2　前场接发球回击种类

1)前场正手接发球技术

(1)正手接发球搓球技术：结合身体向前跨步的冲力，前臂外旋做半弧形引拍动作，手腕向后伸，用食指、拇指捻动球拍，手腕由展腕至收腕发力(图14-3)。

图14-3　正手接发球搓球动作

（2）正手接发球勾对角技术：手腕内旋，拇指、食指转动拍柄，向网前斜对角方向发力击球（图14-4）。

图14-4　正手接发球勾对角动作

（3）正手接发球挑球技术：击球点较低，前臂内旋，食指、拇指收紧拍柄，屈腕发力，以正拍面向前上方挥动击球（图14-5）。

图14-5　正手接发球挑球动作

(4)正手接发球推球技术:以肘为轴,前臂由外旋回环至内旋,带动手腕由伸腕到展腕向前闪动发力,击球瞬间充分发挥食指力量(图14-6)。

图14-6 正手接发球推球动作

(5)正手接发球扑球技术:手臂充分前伸,手腕展开,用中指、无名指和小指突然握紧拍柄和手腕鞭打发力,向前下方击球(图14-7)。

图14-7 正手接发球扑球动作

击球后,持拍手自然收回体前,脚步退回中心位置,完成接球前准备姿势(参见图13-1)。

2)前场反手接发球技术

(1)反手接发球搓球技术:反手握拍,前臂上举,手腕前屈,手背约与网同高,以反拍拍面迎球,拍面稍微向内倾斜,前臂的前伸外旋和手腕由内收至外展(图14-8)。

图14-8 反手接发球搓球动作

(2)反手接发球勾对角技术:前臂内旋往身体右侧拉收,手腕由前伸变为内收,击打球托的左侧下部完成击球(图14-9)。

图14-9 反手接发球勾对角动作

(3)反手接发球挑球技术：右脚向左前方迈出成弓箭步，手腕由外展变为内收（图14-10），手臂由下向上挥动击球。

图14-10　反手接发球挑球动作

(4)反手接发球推球技术：前臂随步法移动伸向左前上方，反拍面迎球，肘关节微屈，手腕向外展，以肘为轴，前臂前伸并带外旋，带动手腕由外展到伸直闪动发力（图14-11）。

图14-11　反手接发球推球动作

(5)反手接发球扑球技术:手臂充分前伸,手腕由外展至内收,鞭打发力向前下方击球(图 14-12)。

图 14-12　反手接发球扑球动作

击球后,持拍手自然收回体前,脚步退回中心位置,完成接球前准备姿势(参见图 13-1)。

2.接发球后场回击

接发球后场回击种类包括:①接发球击高远(平高)球(图 14-13②);②接发球击吊球(图 14-13③);③接发球击杀球(图 14-13④)。

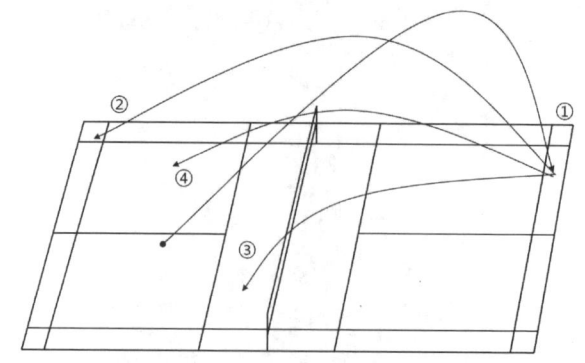

①发后场高远球;②接发球击高远球;③接发球击吊球;④接发球击杀球

图 14-13　后场接发球回击种类

(1)接发球高远(平高)球技术:后脚蹬地,利用转体和腰腹的协调发力,以肩为轴,大臂带动小臂快速向前上方甩动手腕,在手臂伸直的最高点击球(图14-14)。

图 14-14　接发球高远(平高)球动作

(2)接发球吊球技术:肘关节上抬,将小臂和手腕送出,手指转动使球拍形成一定的外旋,用斜拍面切击球托后部的右侧位置(图14-15)。

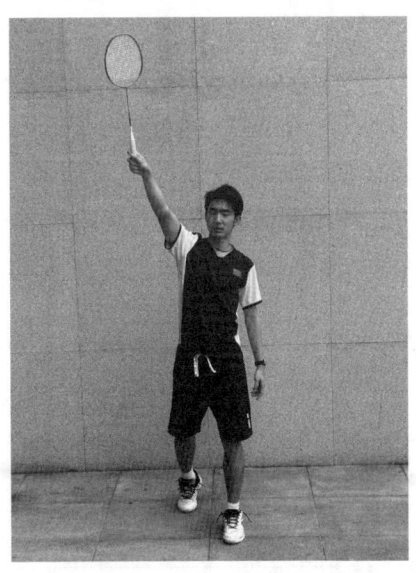

图 14-15　接发球吊球技术

（3）接发球杀球技术：后脚蹬地，利用转体和腰腹的协调发力，持拍手上臂上举，前臂内旋，手腕前屈，鞭打发力击球（图14-16）。

图14-16　接发球杀球动作

击球后，拍收回体前，脚步向中心位置跟进回动，做好下次接球的准备（参见图13-1）。

第二节　接发球步法

接发球移动步法（以右手持拍为例）如下。

1. 正、反手前场接发球移动步法

接发球准备姿势站立，判断来球方向后，左脚蹬地向身体右前来球方向跨大步击球（图14-17）。接球后，脚步向场地中心位置移动，准备接下一个来球。

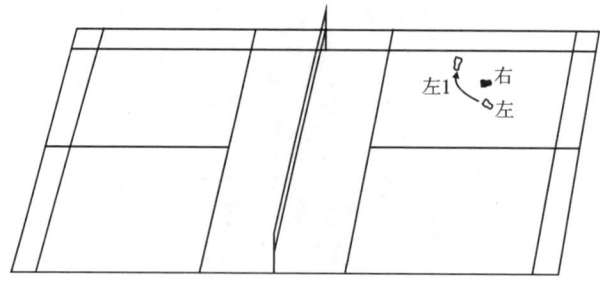

图14-17　正手前场接发球移动步法示意

第十四章　羽毛球接发球技术与步法

判断来球方向后,右脚蹬地向身体左前来球方向跨步接球为接反手前场球移动步法(图14-18)。

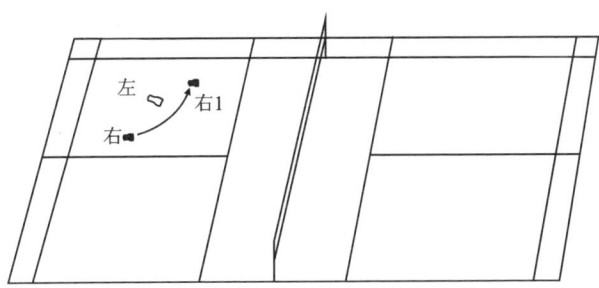

图14-18　反手前场接发球移动步法示意

2.头顶、正手后场接发球移动步法

接发球准备姿势站立,双脚蹬地向身体左后侧来球方向移动,同时右脚后退第一步,身体重心在右脚上,配合上肢击球动作向身体左后侧方向做交叉起跳接发球[图14-19(A)]。

左脚蹬地向身体右后方向起动后退第一步,右脚经左脚向来球退第二步[图14-19(B)],配合上肢交叉起跳接发球。

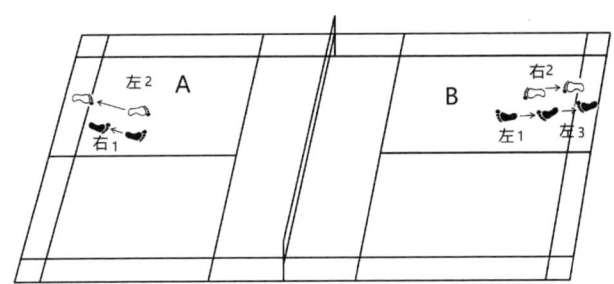

A.头顶后场接发球移动步法;B.正手后场接发球移动步法

图14-19　头顶、正手后场接发球移动步法示意

第十五章　羽毛球投掷动作

投掷动作需要全身不同部位相互协调用力。投掷动作可以锻炼上肢部位的关节，增强上肢、肩、躯干和背等部位的肌肉力量，提高上肢的爆发力，提高动作的协调能力和肌肉的耐力。在有目标的投掷过程中，还能提高人的目测能力以及动作的稳定性。

投掷羽毛球是为了练习击球瞬间的爆发力和动作的规范性。

(1)投掷羽毛球时需要侧身对网，左脚在前，右脚在后，两脚比肩稍宽。

(2)要用腰腹(核心力量)去带动手臂发力。

(3)投掷羽毛球时，投掷的角度不能太低也不能太高，在50°～70°之间为宜。

(4)最重要的是手腕的发力，关节甩出的角度越大，手腕放出的势能就越强，投掷羽毛球的距离也就越远。

第十六章 羽毛球专项身体练习

羽毛球是一项需要全面身体素质的运动,专项身体练习是羽毛球训练的重要组成部分,其目的是通过特定的训练方法,提高运动员在比赛中的竞技水平。

一、专项性力量练习

1. 上肢专项力量练习

(1)羽毛球掷远练习:保证每次练习不少于50次。

(2)绕腕练习:侧踢绕"8"字练习。保证每次练习时间不少于1min。

(3)挥拍练习:重点进行前臂、手腕、手指的各种击球动作练习,以提高击球的爆发力。

(4)转臂练习:伸直手臂或持哑铃于体前、旋外练习。

2. 躯干专项力量练习

(1)肩负重杠铃分腿站立做屈伸练习。男子不少于100次/3min,女子不少于60次/3min。

(2)仰卧起坐及左右体侧起。男子不少于30次/项,女子不少于15次/项。

(3)负重转体——肩负重杠铃分腿站立,身体向左右旋转。

(4)传接球练习,两人背靠背分腿站立,其中一个人手拿实心球,两人同时向一个方向转体,将球传给另一个人。轮流做。

3. 下肢专项力量练习

(1)负重深蹲起:10个,4组。

(2)负重半蹲提踵:30个,4组。

(3)负重跨步走:30m,4组。

(4)负重半蹲跳:15个,4组。

(5)跳绳练习,单腿跳、双腿跳:1min,4组。

(6)原地起跳,单足跳、蛙跳:4个来回,2组。

二、专项训练

(1)侧并步练习:30m,2组。

(2)向前两侧并步练习:30m,2组。

(3)向后两侧并步练习:30m,2组。

(4)弓箭步练习:30s,2组。

(5)交叉步练习:30s,2组。

(6)内转髋练习:30s,2组。

(7)外转髋练习:30s,2组。

(8)冲刺跑练习:50m,4组。

(9)后退跑练习:50m,4组。

(10)深蹲转髋练习:20个,2组。

(11)开合跳练习:15个,2组。

(12)前后小碎步练习:30s,2组。